Ob in Beruf oder Freizeit: Technik ist für uns zum täglichen Begleiter geworden. Sollen Smartphone, E-Book-Reader, Laptop und Co. jedoch ständig an unserer Seite weilen, brauchen sie natürlich eine schützende Hülle. Lösungen „von der Stange“ bieten leider oftmals wenig Individualität.

Die Idee: selbst genähte Taschen für kleine oder größere Geräte, die ebenso einzigartig sind wie der Mensch, der sie benutzt. So werden Handytasche und Laptop-Case vom funktionalen Begleiter zum Lieblingsaccessoire, das sich mit individuellem Touch vom Einheitslook abhebt. Und das im Handumdrehen, denn detaillierte Materialangaben, Schnittmusterbögen und Step-by-Step-Anleitungen sorgen für ein gelungenes Nähvergnügen.

Ich wünsche Ihnen viel Spaß beim Nachnähen Ihrer ganz persönlichen „tausend und meine Tasche“!

Laura Hertel

# Digitalkameratasche

## frech und bunt gemustert

GRÖSSE
12 cm x 10 cm x 3,5 cm

MATERIAL
* Oberstoff: Baumwollstoff in Weiß mit bunten Blumen, 20 cm x 114 cm
* Futterstoff: Baumwollstoff in Blau, 20 cm x 114 cm
* Volumenvlies, 20 cm x 90 cm
* Vlieseline, 10 cm x 90 cm
* Reißverschluss in Orange, 15 cm lang
* Karabinerhaken in Silber, 2,5 cm x 4 cm
* D-Ring in Silber, 2,5 cm breit

ZUSCHNITT
* Oberstoff:
  1x Schnittteil „Boden Tasche"
  2x Schnittteil „Seitenteil"
* Futterstoff:
  2x Schnittteil „Seitenteil"
  1x Schnittteil „Boden Tasche"
  2x Streifen, 17 cm x 3,25 cm
  1x Henkel, 34 cm x 6 cm
  1x Aufhänger für Henkel, 6 cm x 8 cm
* Volumenvlies:
  1x Schnittteil „Boden Tasche"
  2x Schnittteil „Seitenteil"
* Vlieseline:
  2x Streifen, 17 cm x 3,25 cm
  1x Henkel, 34 cm x 6 cm
  1x Aufhänger für Henkel, 6 cm x 8 cm

SCHNITTMUSTER-BOGEN 1B

**1** Die Schnittteile zuschneiden. Mit dem Volumenvlies die entsprechenden Teile des Oberstoffs verstärken. Auf die Futterstoffteile, d. h. auf Streifen, Henkel und Aufhänger, die Vlieseline aufbügeln.

**2** Den Reißverschluss knappkantig zwischen die zwei Stoffstreifen nähen, sodass davon ca. 1 cm sichtbar bleibt. Danach den Boden und die Seitenteile des Oberstoffs mehrmals mit Quiltnähten diagonal von rechts nach links und von links nach rechts durchsteppen, den Futterstoff dabei aber nicht mitfassen.

**3** Den Aufhänger aus Futterstoff rechts auf rechts aufeinanderlegen, die Längsseite nähen, wenden und bügeln. Anschließend den D-Ring darauf fädeln. Dazu den Aufhänger zur Hälfte falten und mit einem Reißverschluss-Nähfuß knappkantig neben der Kante des D-Ringes durchsteppen, um diesen zu fixieren. Nun den Aufhänger knappkantig an einem Ende des Bodens festnähen, sodass er in Richtung Bodenmitte zeigt.

**4** Die zwei Streifen mit dem zwischengefassten Reißverschluss nun rechts auf rechts an beide Enden des Bodens nähen, den Aufhänger dabei endgültig mitfassen. Den Reißverschluss öffnen und von links die Seitenteile an den Rand nähen. Die Nahtzugaben an der Rundung bis knapp vor die Naht einschneiden (siehe TOPP-Tipps).

**5** Die Futterstoff-Seitenteile an den Futterstoff-Boden nähen, dabei an allen Nahtenden 1 cm von der Kante entfernt mit dem Nähen beginnen bzw. enden. Die Nahtenden verriegeln. Die offenen Kanten dann 1 cm nach innen bügeln und an der Rundung kleine Fältchen legen. Die Außentasche auf links wenden, die Futtertasche darüber ziehen und an den Kanten mit Handstichen festnähen.

**6** Den Henkel rechts auf rechts aufeinanderlegen. Die Längsseiten zusammennähen, wenden und bügeln. Danach auf den Karabinerhaken fädeln. Ein Ende des Henkels 1 cm weit nach innen stülpen, dann das andere Ende hineinstecken, sodass ein Ring entsteht. Ca. 2 cm vom oberen Stoffbruch entfernt steppen, um die Kante zu fixieren, dabei die Unterseite des Henkels mitfassen. Es entsteht eine Schlaufe für den Karabinerhaken. Für zusätzlichen Halt mit einem Reißverschluss-Nähfuß knappkantig am Karabinerhaken entlang nähen. Zum Schluss den Karabinerhaken am D-Ring befestigen.

# Laptoptasche

## in Gelb, Weinrot und Blau gehüllt

**GRÖSSE**

38 cm x 26 cm x 6 cm

**MATERIAL**

* Oberstoff 1: Baumwollstoff in Weinrot mit Blumenmuster, 50 cm x 114 cm
* Oberstoff 2: Baumwollstoff in Gelb, 30 cm x 114 cm
* Futterstoff: Baumwollstoff in Blau, 50 cm x 114 cm
* Volumenvlies, 50 cm x 90 cm
* Vlieseline, 15 cm x 90 cm
* Reißverschluss in Blau, 50 cm lang
* 2 Taschengriffe in Schwarz, 14,5 cm x 11 cm
* Schrägbandformer, 2,5 cm breit

**ZUSCHNITT**

* Oberstoff 1:
  2x Schnittteil „Hauptteil Tasche"
  1x Schnittteil „Boden", 73 cm x 8 cm
* Oberstoff 2:
  1x Schnittteil „Fronttasche"
  2x Streifen für Reißverschluss, 4,5 cm x 52 cm
  4x Aufhänger Griffe, 4 cm x 6 cm
* Futterstoff:
  2x Schnittteil „Hauptteil Tasche"
  1x Schnittteil „Boden", 73 cm x 8 cm
  1x Schrägstreifen, 5 cm x 300 cm
* Volumenvlies:
  2x Schnittteil „Hauptteil Tasche"
  1x Boden, 73 cm x 8 cm
* Vlieseline:
  2x Streifen für Reißverschluss, 4,5 cm x 52 cm
  4x Aufhänger Griffe, 4 cm x 6 cm

**SCHNITTMUSTERBOGEN 1A**

**1** Die Schnittteile zuschneiden. Die Teile aus Oberstoff 1 mit Volumenvlies verstärken. Auf die Reißverschlussstreifen sowie die Griffaufhänger aus Oberstoff 2 die Vlieseline aufbügeln. Aus dem Futterstoff das Schrägband vorbereiten.

**2** Den Reißverschluss knappkantig zwischen die zwei Stoffstreifen nähen, sodass davon etwa 1 cm sichtbar bleibt. Die obere Kante der Fronttasche mit Schrägband einfassen (siehe „So wird's gemacht"). Beide Hauptteile und den Boden aus dem Oberstoff 1 auf die entsprechenden Futterteile legen und die Schichten verbinden, indem mehrere Quiltnähte diagonal von links nach rechts und von rechts nach links gesteppt werden. Dabei die entsprechenden Futterstoffteile mitfassen. Jedes Teil besteht zum Schluss aus drei Lagen. Die Fronttasche knappkantig auf die rechte Seite eines der Hauptteile aufnähen und mittig eine Teilung absteppen.

**3** Die vier Griffaufhänger nähen. Dafür jedes Schnittteil rechts auf rechts falten, die Längskante zunähen, wenden und bügeln. Nun jeweils die Griffe auffädeln. Anschließend die Aufhänger knappkantig an den Außenkanten der Reißverschlussstreifen festnähen, sodass die Griffe in Richtung Reißverschluss zeigen. Alle vier Aufhänger müssen den gleichen Abstand zur Mitte haben! Für zusätzlichen Halt knapp neben den Griffen mit einem halben Nähfuß nochmals feststeppen.

**4** Die Reißverschlussstücke links auf links an die Bodenenden nähen, die Naht mit Schrägband einfassen. Die Hauptteile zunächst knappkantig an das Seitenteil nähen, anschließend beide Nähte mit Schrägband einfassen.

# i-Pad-Tasche

## Retro in Orange

**GRÖSSE**
21,5 cm x 27 cm

**MATERIAL**
* Oberstoff 1: Baumwollstoff in Hellblau mit geometrischem Muster, 35 cm x 114 cm
* Oberstoff 2: Cordstoff in Orange, 35 cm x 109 cm
* Futterstoff: Baumwollstoff in Blau, 50 cm x 114 cm
* Vlieseline, 30 cm x 90 cm
* magnetischer Taschenverschluss, ø 2 cm

**ZUSCHNITT**
* Oberstoff 1:
  1x Schnittteil „Tasche V"
* Oberstoff 2:
  1x Schnittteil „Tasche H"
  2x Schnittteil „Ecke Tasche"
* Futterstoff:
  1x Schnittteil „Tasche V"
  1x Schnittteil „Tasche H"
* Vlieseline:
  1x Schnittteil „Tasche V"
  1x Schnittteil „Tasche H"
  2x Schnittteil „Ecke Tasche"

**SCHNITTMUSTER-BOGEN 1B**

1 Die Schnittteile zuschneiden. Die Vlieseline auf die Vordertasche aus Oberstoff 1, die Hintertasche aus Oberstoff 2 und die Ecken aus Oberstoff 2 aufbügeln. Die Ecken zum Applizieren vorbereiten, indem die Oberkanten 1 cm nach links umgeschlagen und gebügelt werden. Anschließend zuerst knappkantig, dann zusätzlich 7 mm von der ersten Naht entfernt mit der eingeschlagenen Kante nach oben auf die Vordertasche aufsteppen.

2 Die Vorder- und Hintertasche aus Oberstoff 2 rechts auf rechts legen und aufeinandernähen, dabei an allen Nahtenden 1 cm von der Kante entfernt mit dem Nähen beginnen bzw. enden. Die Nahtenden verriegeln. Bei den entsprechenden Futterteilen ebenso verfahren, aber im Bodenbereich eine kleine Öffnung zum Wenden lassen.

3 Den magnetischen Taschenverschluss an Voder- und Hinterteil der Tasche nach Schnittmarkierung befestigen. Die Außentasche wenden, die Futtertasche rechts auf rechts darüberziehen. Beide Teile entlang der Klappenkante sowie an der vorderen Oberkante kantengenau aneinandernähen. An den Ecken sowie den Rundungen die Nahtzugabe anschließend bis kurz vor die Naht einschneiden (siehe TOPP-Tipps).

4 Die Futtertasche wenden und die Wendeöffnung schließen. Die Klappe und die Oberkante vorn ebenfalls doppelt absteppen.

# Spiegelreflexkameratasche

## mit schicken Applikationen

**1** Die Schnittteile zuschneiden. Den Futterstoff von Boden, Hauptteil und Unterteilung mit dem Volumenvlies verstärken. Die Vlieseline auf Träger, Karabinerbefestigungen und Ecken aufbügeln.

**2** Beide Ecken für die Klappe und drei Ecken für die Tasche zum Applizieren vorbereiten, indem je eine Kante 1 cm nach innen umgeschlagen und gebügelt wird. Die Ecken knappkantig entlang der eingeschlagenen Kante aufnähen, dabei die rechte untere Ecke des vorderen Hauptteils freilassen.

**3** Die übrigen zwei Ecken für die Tasche entlang einer Seite rechts auf rechts aufeinandernähen und wenden. Die Kante bügeln. Nun so in der Ecke der Tasche annähen, dass ein Fach für den Objektivdeckel entsteht. Dazu die Ecke nicht komplett aufsteppen, sondern in der Mitte einen ca. 7 cm breiten Schlitz lassen. Die Nahtenden verriegeln.

**4** Den Träger längs rechts auf rechts aufeinanderlegen. Die lange Seite zusammennähen, wenden und bügeln. Eine kurze Seite zuerst 1 cm und dann noch

### GRÖSSE

30 cm x 20 cm x 13 cm

### MATERIAL

* Oberstoff: laminierter Baumwollstoff in Weiß mit grünem Muster, 50 cm x 137 cm
* Futterstoff: Baumwollstoff in Braun, 70 cm x 114 cm
* Volumenvlies zum Aufbügeln, 50 cm x 90 cm
* Vlieseline, 30 cm x 90 cm
* Klettband in Hellbraun, 2 cm breit, 35 cm lang
* 2 Bodennägel
* 3 Karabinerhaken in Silber, 3 cm x 4 cm
* 3 D-Ringe in Silber, 3 cm breit
* Pappe, 22 cm x 13 cm

### ZUSCHNITT

* Oberstoff:
  2x Schnittteil „Hauptteil Tasche“
  1x Boden, 15 cm x 66 cm
  1x Schnittteil „Klappe“
* Futterstoff:
  2x Schnittteil „Hauptteil Tasche“
  1x Boden, 15 cm x 66 cm
  1x Schnittteil „Klappe“
  2x Unterteilung, 18 cm x 18 cm
  1x Träger, 8 cm x 90 cm
  2x Karabinerbefestigung Klappe, 5 cm x 21 cm
  2x Karabinerbefestigung Hauptteil, 5 cm x 16 cm
  2x Karabinerbefestigung Träger, 5 cm x 69 cm
  5x Schnittteil „Ecke Tasche“
  2x Schnittteil „Ecke Klappe“
* Volumenvlies:
  2x Schnittteil „Hauptteil Tasche“
  1x Boden, 15 cm x 66 cm
  1x Unterteilung, 18 cm x 18 cm
* Vlieseline:
  1x Träger, 8 cm x 90 cm
  1x Karabinerbefestigung Klappe, 5 cm x 21 cm
  1x Karabinerbefestigung Hauptteil, 5 cm x 16 cm
  1x Karabinerbefestigung Träger, 5 cm x 69 cm
  4x Schnittteil „Ecke Tasche“
  2x Schnittteil „Ecke Klappe“

### SCHNITTMUSTERBOGEN 1B

einmal 2,5 cm nach innen bügeln, den Karabinerhaken auffädeln und die Nahtzugabe feststeppen. Anschließend mit einem Reißverschluss-Nähfuß knappkantig am Karabinerhaken entlangsteppen, um ein Verrutschen zu verhindern. Das Ganze für das andere Trägerende wiederholen. Anschließend den Träger rundherum knappkantig absteppen, dabei an den kurzen Seiten nochmals genau über die erste Naht nähen.

**5** Die Schnittteile für die drei Karabinerbefestigungen jeweils rechts auf rechts legen. Anschließend entlang beider Längskanten aufeinandernähen, wenden und bügeln. Danach je ein kurzes Ende zuerst 1 cm, anschließend noch einmal 2,5 cm nach innen bügeln. Die D-Ringe auffädeln und die eingeschlagene Nahtzugabe feststeppen. Mit einem Reißverschluss-Nähfuß knappkantig an den D-Ringen entlangsteppen. Bei der Karabinerbefestigung für den Träger am anderen Ende wiederholen. Anschließend die Karabinerbefestigungen rundherum knappkantig in der Mitte von Klappe, Hauptteil und Boden aufsteppen, dabei an den kurzen Seiten nochmals genau über die erste Naht nähen.

**6** Die Schnittteile für die Klappe aus Oberstoff und Futterstoff rechts auf rechts legen und aufeinandernähen, dabei die lange Seite komplett offen lassen. Die Klappe wenden. Die Schnittteile für die Unterteilung rechts auf rechts legen und rundherum zusammennähen, dabei einen Schlitz zum Wenden lassen. Unterteilung wenden, Öffnung schließen und bügeln. Auf zwei gegenüberliegenden Seiten nun jeweils ein 16 cm langes Stück Klettflauschband aufsteppen. Anschließend je ein Stück 16 cm Letthakenband auf einem Futter-Hauptteil 1,5 cm links und auf einem Futter-Hauptteil 1,5 cm rechts von der Mitte entfernt platzieren und aufsteppen.

**7** Nun die zwei Bodennägel zentriert je 9 cm von der Mitte des Bodens entfernt durch einen kleinen Schlitz nach innen in den Boden aus Oberstoff drücken, die Pappe positionieren, ebenfalls durchstechen und mit dem Umbiegen der Bodennägel am Boden fixieren. Den Boden aus Futterstoff und Oberstoff an die jeweiligen Hauptteile nähen. Im Futter eine kleine Öffnung zum Wenden lassen. Die Klappe knappkantig an der Oberkante des rückwärtigen Hauptteils aus Oberstoff fixieren, sodass die Innenseite der Klappe sichtbar ist und die Klappe nach unten hängt.

**8** Die Futtertasche über die Außentasche stülpen, die Oberkanten rechts auf rechts aufeinandernähen. Das Futter wenden, und die Wendeöffnung schließen. Zum Schluss die Oberkante der Tasche absteppen und die Unterteilung in der Futtertasche festkletten.

# Navi-Tasche

## stoßsicher verstaut

**GRÖSSE**
10 cm x 14,5 cm

**MATERIAL**
* Oberstoff: Filz in Türkis, 4 mm dick, 30 cm x 60 cm
* Druckknopf in Weiß

**ZUSCHNITT**
* Oberstoff: 1x Schnittteil „Hauptteil“

**SCHNITTMUSTERBOGEN 2A**

**1** Das Hauptteil aus Filz zuschneiden, am Mittelbruch links auf links falten und mit einer Overlock- oder Zickzacknaht einmal rund um die Tasche nähen. So wird der Bruch fixiert und gleichzeitig die Nahtzugabe versäubert.

**2** Anschließend nach Herstelleranleitung den Druckknopf mittig auf beiden Taschenseiten einarbeiten.

# GPS-Tasche

## in leuchtenden Farben

**GRÖSSE**
14 cm x 8 cm x 6 cm

**MATERIAL**

* Oberstoff: Baumwollstoff in Gelb mit Hahnentrittmuster, 20 cm x 114 cm
* Futterstoff: Baumwollstoff in Blau, 20 cm x 114 cm
* Vlieseline, 20 cm x 90 cm
* magnetischer Taschenverschluss, ø 2 cm

**ZUSCHNITT**

* Oberstoff:
  2x Schnittteil „Hauptteil"
  1x Schnittteil „Klappe"
  2x Gürtelschlaufe, 5 cm x 6,5 cm
* Futterstoff:
  2x Schnittteil „Hauptteil"
  2x Boden, 8 cm x 36,5 cm
  1x Schnittteil „Klappe"
  2x Fronttasche, 8 cm x 8 cm
  2x Schnittteil „Ecke Klappe"
* Vlieseline:
  2x Schnittteil „Hauptteil"
  1x Boden, 8 cm x 36,5 cm
  2x Schnittteil „Ecke Klappe"
  1x Gürtelschlaufe, 5 cm x 6,5 cm

**SCHNITTMUSTER-BOGEN 2A**

**1** Die Schnittteile zuschneiden. Mit der Vlieseinlage die jeweiligen Teile aus Oberstoff sowie den Boden und die Ecken aus Futterstoff verstärken. Die Ecken zum Applizieren vorbereiten, indem je eine Kante 1 cm nach links umgeschlagen und gebügelt wird.

**2** Nun die Schnittteile für die Fronttasche rechts auf rechts legen und rundherum zusammennähen, dabei eine Öffnung zum Wenden lassen, wenden und bügeln. Die Fronttasche auf eines der beiden Hauptteile aus Oberstoff aufnähen, dabei die Öffnung schließen. Dies wird das vordere Taschenteil. Für die Gürtelschlaufe die beiden Schnittteile aus Oberstoff rechts auf rechts legen, die beiden Längsseiten zusammennähen, wenden und bügeln. Die kurzen unversäuberten Enden der Gürtelschlaufe 1 cm umschlagen und die Gürtelschlaufe mittig mit 2 cm Abstand von oben auf das zweite Hauptteil aus Oberstoff aufnähen; es ist jetzt das hintere Taschenteil.

**3** Den Boden und die Hauptteile aus dem Futterstoff zusammennähen, dabei eine kleine Öffnung zum Wenden lassen. Jetzt die Hauptteile aus Oberstoff an den mit der Vlieseline verstärkten Boden annähen. Die Außentasche wenden.

**4** Die Ecken auf das Klappenteil aus Oberstoff applizieren. Nun die Klappenteile aus Ober- und Futterstoff rechts auf rechts zusammennähen, die Oberkante offen lassen. Die Klappe wenden, bügeln und knappkantig an der Oberkante des hinteren Taschenteils fixieren, sodass die Innenseite der Klappe sichtbar ist und die Klappe nach unten hängt.

**5** Die beiden Teile des magnetischen Taschenverschlusses nach Herstelleranleitung, wie im Schnitt markiert, in die Klappe und in das vordere Taschenteil einarbeiten. Die Futtertasche rechts auf rechts über Außentasche ziehen und entlang der Oberkante zusammennähen. Anschließend die Futtertasche durch die Wendeöffnung wenden. Zuletzt die Öffnung schließen und die Oberkante absteppen.

Für die musikalische Erholung unterwegs. So gehen Kopfhörer nie mehr verloren und sind auf Reisen gut verstaut.

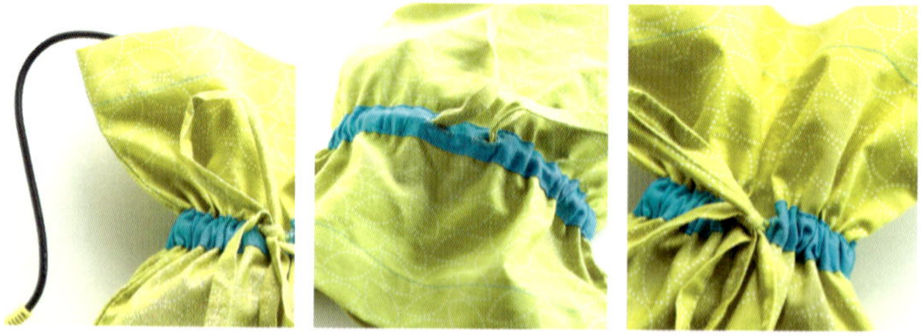

# Kopfhörertasche

## mit dezentem Musterprint

GRÖSSE
25 cm x 35 cm

MATERIAL
* Oberstoff 1: Baumwollstoff mit Retro-Design in Gelb, 50 cm x 114 cm
* Oberstoff 2: Baumwollstoff in Blau, 10 cm x 114 cm
* kleine, spitze Schere
* Sicherheitsnadel

ZUSCHNITT
* Oberstoff 1:
  2x Hauptteil, 27 cm x 43 cm
  1x Durchzugband,
  4 cm x 102 cm
* Oberstoff 2:
  1x Blende, 4 cm x 52 cm

1 Die Schnittteile zuschneiden. Die beiden Hauptteile rechts auf rechts legen und zusammennähen, die Oberkante bleibt offen. Die Nahtzugaben versäubern. Die Oberkante zuerst 1 cm und dann noch einmal 3 cm nach innen umbügeln, dann knappkantig feststeppen.

2 Jetzt die kurzen Enden der Blende rechts auf rechts aufeinandernähen, sodass ein Ring entsteht. Die Nahtzugabe auseinanderbügeln und die lange Oberkante und Unterkante des Stoffringes je 1 cm nach innen umbügeln.

3 Das Durchzugband folgendermaßen nähen: Das Stoffteil der Länge nach links auf links in den Stoffbruch legen und die Kante bügeln. Die Längskanten jeweils 1 cm nach links umschlagen, bügeln und knappkantig zusammensteppen. Dann die unversäuberten Enden in den Schlauch stülpen und diesen anschließend mit Handstichen schließen.

4 Auf die Blende mittig zwei Knopflöcher nähen, je 1,5 cm breit und 1 cm voneinander entfernt. Die Knopflöcher mit einer kleinen, spitzen Schere aufschneiden. Danach die Blende 10 cm von der oberen Kante der Tasche entfernt rundherum knappkantig aufnähen. Zuletzt mithilfe einer Sicherheitsnadel das Durchzugband über die Knopflöcher durch die Blende hindurchfädeln.

STEREO
831 702-1

Smart verpackt, sicher verstaut. So haben Kratzer keine Chance mehr.

# Smartphone-Tasche

## etwas Weiches für das Smarte

**GRÖSSE**
8 cm x 13 cm

**MATERIAL**
* Oberstoff 1: Filz in Türkis, 4 mm dick, 20 cm x 60 cm
* Oberstoff 2: Baumwollstoff in Grün, 20 cm x 114 cm

**ZUSCHNITT**
* Oberstoff 1:
  2x Schnittteil „Hauptteil"
  1x Buchstabe „M"
* Oberstoff 2:
  1x Schrägstreifen, 5 cm x 20 cm

**SCHNITTMUSTERBOGEN 2A**

1 Die Schnittteile zuschneiden. Das Schrägband vorbereiten. Den Buchstaben knappkantig auf eines der Hauptteile aufnähen.

2 Die Oberkante beider Hauptteile mit dem Schrägband einfassen. Dabei hinten beginnen, dann das Vorderteil anlegen und ebenfalls einfassen. Mit einem eingeschlagenen Schrägbandende wieder auf der Rückseite enden (siehe auch „So wird's gemacht").

3 Die Seitennaht mit einem Overlock- oder Zickzackstich schließen und gleichzeitig versäubern. Bei der Overlockmaschine, wenn möglich, das Messer ausschalten!

Endlich können Akten sicher und elegant verstaut werden. Die Applikation liefert dazu den richtigen Pepp!

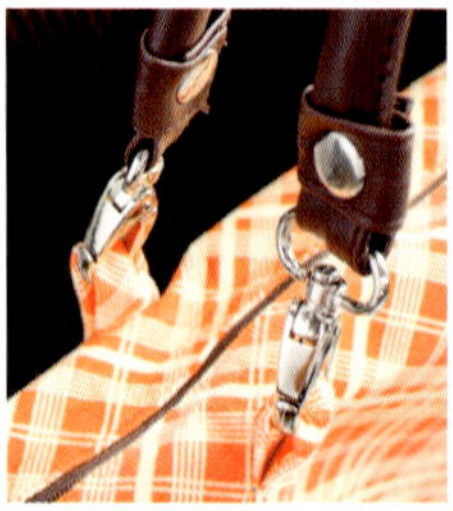

# Aktentasche

## Business-Time

**GRÖSSE**

30 cm x 40 cm x 7 cm

**MATERIAL**

- Oberstoff 1: Baumwollstoff mit Retro-Rautenmuster in Rot-Weiß, 55 cm x 109 cm
- Oberstoff 2: Filz in Türkis, 4 mm dick, 15 cm x 60 cm
- Futterstoff: Baumwollstoff in Blau, 50 cm x 114 cm
- Vlieseline, 55 cm x XX cm
- 2 Taschengriffe in Braun, 5 cm breit
- Reißverschluss in Braun, 40 cm lang

**ZUSCHNITT**

- Oberstoff 1: 2x Schnittteil „Hauptteil“ 4x Aufhänger für Henkel, 6 cm x 10 cm
- Oberstoff 2: 1x Schriftzug „Busy Bee“
- Futterstoff: 2x Schnittteil „Hauptteil“
- Vlieseline: 2x Schnittteil „Hauptteil“

**SCHNITTMUSTERBOGEN 2B**

1 Die Schnittteile zuschneiden. Die Vlieseline auf die Hauptteile aus Oberstoff 1 aufbügeln. Nun die Hauptteile aus Oberstoff 1 rechts auf rechts aufeinander legen und an 1 cm von der Oberkante entfernt links und rechts je 3,5 cm Naht schließen.

2 Die Oberkante bei beiden Hauptteilen aus Oberstoff 1 cm nach innen bügeln, beziehungsweise die eben entstandene Naht auseinanderbügeln. Den Reißverschluss von rechts mittig einnähen (siehe auch „So wird's gemacht“).

3 Die vier Henkelaufhänger rechts auf rechts falten und jeweils an einer kurzen und zwei langen Seiten zunähen. Wenden und bügeln. Die offenen Seiten 4 cm nach innen schlagen und bügeln. In diesen Schlaufen werden später die Taschengriffe befestigt. Die Aufhänger von rechts, nach Markierung, auf die Hauptteile nähen.

4 Den Reißverschluss öffnen. Die Außentasche von links komplett schließen. Oben (am Reißverschluss) und unten die Ecken 5 cm breit abnähen. Die Nahtzugabe anschließend zurückschneiden. Die Hauptteile aus Futterstoff rechts auf rechts legen und mit 1 cm Nahtzugabe zusammennähen, dabei an der Oberkante 3,5 cm von der rechten beziehungsweise linken Kante abmessen und dort mit dem Nähen aufhören. Die Nahtenden verriegeln. Auch bei der Futtertasche die obere sowie die untere Ecke 5 cm breit abnähen und die Nahtzugabe zurückschneiden.

5 Die Außentasche auf links drehen, die Futtertasche links auf links darüberziehen und entlang der Oberkante mit Handstichen am Reißverschluss festnähen. Zuletzt die Taschengriffe in die Henkelaufhänger einhaken.

BUSY BEE

Die liebsten CDs immer gut geschützt und griffbereit.

# CD-Tasche

## für die Top Six

GRÖSSE

30 cm x 15 cm

MATERIAL

* Oberstoff 1: Baumwollstoff in Grün mit Blumenmuster, 30 cm x 114 cm
* Oberstoff 2: Filz in Türkis, 4 mm dick, 45 cm x 60 cm

ZUSCHNITT

* Oberstoff 1: 2x Hülle, 18 cm x 33 cm
* Oberstoff 2: 3x Schnittteil „Hauptteil“ 6x Schnittteil „Fach“

SCHNITTMUSTERBOGEN 1B

1 Die Schnittteile zuschneiden. Die Hüllenteile aus Oberstoff 1 rechts auf rechts legen und zusammennähen, dabei eine kleine Öffnung zum Wenden belassen. Die Ecken schräg zurückschneiden und die Hülle wenden (siehe TOPP-Tipps). Nun die Kanten rundherum knappkantig absteppen.

2 Zwei der Fächer aus Oberstoff 2 mit 1 cm Nahtzugabe, wie im Schnitt markiert, auf ein Hauptteil aus Oberstoff 2 aufnähen, sodass die Öffnung nach innen zeigt. Für die anderen Teile wiederholen.

3 Die Hauptteile mit den Fächern genau übereinanderstapeln, in die Hülle aus Oberstoff 1 legen und dort mittig aufnähen.

# Kindle®-Tasche

## mit Stiftefach

GRÖSSE
20 cm x 15 cm

MATERIAL
* Oberstoff 1: Baumwollstoff mit Blumen-Retrodesign in Orange-Grün, 25 cm x 114 cm
* Oberstoff 2: Baumwollstoff in Grün, 20 cm x 114 cm
* Futterstoff: Baumwollstoff in Gelb, 25 cm x 114 cm
* Volumenvlies zum Aufbügeln, 20 cm x 90 cm
* Knopf in Grün, ø 3 cm

ZUSCHNITT
* Oberstoff 1:
  2x Schnittteil „Hauptteil“
* Oberstoff 2:
  1x Schnittteil „Fronttasche“
* Futterstoff:
  2x Schnittteil „Hauptteil“
  1x Schrägstreifen, 4 cm x 13 cm
* Volumenvlies:
  2x Schnittteil „Hauptteil“

SCHNITTMUSTER-BOGEN 2A

**1** Die Schnittteile zuschneiden. Auf die Hauptteile aus Oberstoff 1 das Volumenvlies aufbügeln. Die Teile jeweils mit Quiltnähten diagonal von rechts nach links und von links nach rechts steppen, aber die Teile aus Futterstoff dabei nicht mitfassen.

**2** Bei der Fronttasche aus Oberstoff 2 die Oberkante zuerst 1 cm, dann noch einmal 1 cm nach innen umbügeln, dann die Kante knappkantig feststeppen. Den Schrägstreifen der Länge nach in den Mittelbruch legen und die Kante bügeln. Längsseiten nun je 1 cm nach links umbügeln und knappkantig zusammensteppen. Danach den Streifen bügeln.

**3** Anschließend auf eines der Hauptteile aus Oberstoff 1 die Fronttasche aus Oberstoff 2 knappkantig aufnähen und eine Teilungsnaht durchsteppen, wie im Schnitt markiert. An der Oberkante des zweiten Hauptteils mittig den Schrägstreifen als Schlaufe annähen, sodass dieser nach unten zeigt, um ihn zu fixieren.

**4** Die Teile aus Oberstoff 1 nun rechts auf rechts legen und zusammennähen, dabei die Oberkante offen lassen. Die Außentasche wenden. Danach die Futterstoffteile rechts auf rechts legen und zusammennähen, im Bodenbereich aber eine Öffnung zum Wenden frei lassen. Die Oberkante bleibt komplett offen.

**5** Die Futtertasche rechts auf rechts über die Außentasche ziehen, die Oberkanten rundherum zusammennähen, dabei die Schlaufe endgültig mitfassen. Das Futter wenden und die Öffnung im Boden schließen. Zuletzt den Knopf von Hand annähen.

Das Handy in der richtigen Verpackung.

# Handytasche

## lustig gepunktet

GRÖSSE
6,5 cm x 12 cm

MATERIAL
- Oberstoff: Baumwollstoff in Hellblau mit weißen Punkten, 25 cm x 114 cm
- Futterstoff: Baumwollstoff in Gelb 15 cm x 114 cm
- Volumenvlies zum Aufbügeln, 15 cm x 90 cm
- Druckknopf in Weiß

ZUSCHNITT
- Oberstoff:
  1x Schnittteil „Hauptteil"
- Futterstoff:
  1x Schnittteil „Hauptteil"
  1x Futterteil, 8,6 cm x 14 cm
- Volumenvlies:
  1x Schnittteil „Hauptteil"

SCHNITTMUSTERBOGEN 2A

1 Die Schnittteile zuschneiden. Das Volumenvlies auf das Hauptteil aus Oberstoff aufbügeln. Das Hauptteil mit Quiltnähten diagonal von rechts nach links und von links nach rechts steppen, aber das Futter dabei nicht mitfassen.

2 Das Hauptteil aus Oberstoff für die Außentasche am markierten Mittelbruch rechts auf rechts falten, die Seitennähte bis 1 cm vor der Oberkante schließen. Die Nahtenden verriegeln und die Außentasche wenden.

3 Die beiden Schnittteile aus Futterstoff rechts auf rechts legen und zusammennähen. 1 cm vor der Oberkante mit dem Nähen aufhören, Nahtenden verriegeln und nicht vergessen, am Boden eine Öffnung zum Wenden frei zu lassen.

4 Die Futtertasche rechts auf rechts über die Außentasche ziehen. Zuerst die Klappenkanten, dann die Vorderkanten passgenau aufeinandernähen, dabei jeweils an den Seitennähten enden und die Naht verriegeln. Die Klappenecke bis kurz vor der Naht zurückschneiden. Die Futtertasche wenden und die Wendeöffnung schließen. Zum Schluss nach Herstelleranleitung Ober- und Unterseite des Druckknopfs, nach Markierung im Schnitt, an der Tasche anbringen.

Mit viel Stil für Uni und Beruf. So sind Schreibunterlagen perfekt verstaut.

# Ringbuchhülle

## mit raffiniertem Stoffdesign

GRÖSSE

28 cm x 42 cm (passend für DIN A3-Ringbuch)

MATERIAL

* Oberstoff: Baumwollstoff in Blau mit Muster in Grün-Weiß-Gelb, 40 cm x 114 cm
* Futterstoff: Baumwollstoff in Braun, 35 cm x 114 cm
* Druckknopf in Weiß

ZUSCHNITT

* Oberstoff:
  1x Schnittteil „Hauptteil“
  4x Buchlasche, 7 cm x 31 cm
* Futterstoff:
  1x Schnittteil „Hauptteil“
  1x Schlaufe Stift, 6 cm x 7 cm

SCHNITTMUSTER-BOGEN 2B

1 Die Schnittteile zuschneiden. Die beiden Hauptteile aus Futterstoff und Oberstoff rechts auf rechts aufeinanderlegen und zusammennähen. Dabei an der kurzen Seite ohne Klappe eine Wendeöffnung frei lassen. Die Ecken schräg zurückschneiden und das ganze Teil wenden und bügeln. Anschließend die Ecken vorsichtig nach außen drücken (siehe auch TOPP-Tipps).

2 Je zwei Buchlaschen rechts auf rechts legen und zusammennähen, dabei an einer der langen Seiten eine Öffnung zum Wenden frei lassen. Die Ecken schräg zurückschneiden. Die Laschen wenden und bügeln und die Ecken ebenfalls ausformen.

3 Die Schlaufe für den Stift aus Futterstoff rechts auf rechts falten, die kürzeren Seiten zusammennähen, wenden und bügeln. Die Schlaufe ist nun 3,5 cm breit und 6 cm lang. Das Ganze zur Hälfte falten, sodass die unversäuberten Enden aufeinander liegen und wieder bügeln.

4 Die Buchlaschen nach Markierung aufnähen, dabei die Stiftschlaufe mitfassen und alle Wendeöffnungen schließen. Zuletzt nach Herstelleranleitung den Druckknopf, wie im Schnitt markiert, anbringen.

HEJ

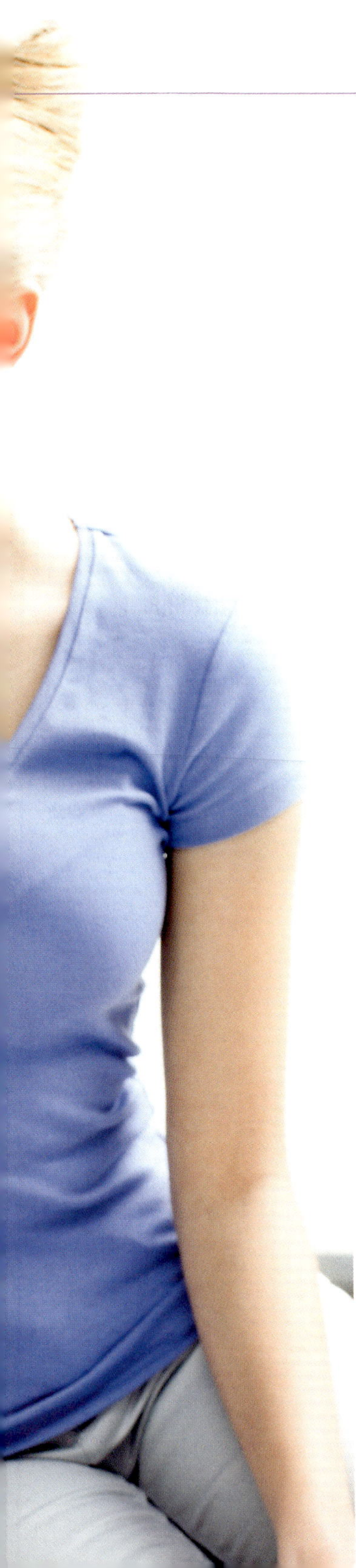

# Tasche für externe Festplatte

## hübsch geblümt in Türkis

**GRÖSSE**
23 cm x 15 cm,
15 cm hoch

**MATERIAL**

* Oberstoff 1: Baumwollstoff mit Blumendesign in Türkis-Grün, 50 cm x 114 cm
* Oberstoff 2: Filz in Türkis, 4 mm dick, 15 cm x 60 cm

**ZUSCHNITT**

* Oberstoff 1:
  2x Schnittteil „Hauptteil“
  1x Beleg, 4 cm x 78 cm
  2x Träger, 8 cm x 67 cm
* Oberstoff 2:
  1x Schriftzug „Hej“

**SCHNITTMUSTER-BOGEN 1A**

1 Die Schnittteile zuschneiden. Die drei Buchstaben aus Filz auf eines der Hauptteile aufnähen. Die Hauptteile rechts auf rechts legen und zusammennähen, dabei die obere Kante offen lassen. Die Nahtzugaben versäubern.

2 Den Boden 15 cm breit abnähen. Die Tasche wenden. Einen Träger rechts auf rechts falten, entlang der Längskante zusammennähen und bügeln. Den zweiten Träger genauso arbeiten. Nun die Träger je 7,5 cm von der Seitennaht entfernt knappkantig an der Oberkante der Tasche befestigen, sodass diese auf der Außenseite der Tasche liegen und nach unten zeigen.

3 Am Beleg die Seitennaht schließen, sodass ein Ring entsteht. Nun den Beleg von außen rechts auf rechts an die Taschenoberkante nähen und die Träger dabei endgültig mitfassen. Anschließend die Oberkante knappkantig absteppen. Zum Schluss die Unterkante des Belegs 1 cm nach innen bügeln und knappkantig auf die linke Taschenseite aufsteppen.

**Laura Hertel** absolvierte eine klassische Schneiderlehre, bevor sie 2010 ein Studium zur Modedesignerin begann. Handgemachtes mag sie ebenso sehr wie Flohmarktfunde, aber am allerliebsten kombiniert sie beides und schreibt darüber. Ihren farbenfrohen Blog finden Sie auf www.tagtraeumerin.de.

**DANKE!**

Wir danken den Firmen Coats GmbH, www.coatsgmbh.de, Prym Consumer GmbH, www.prym-consumer.com sowie Freudenberg & Co. KG, www.freudenberg.de für die Unterstützung bei diesem Buch.

## TOPP – Unsere Servicegarantie

WIR SIND FÜR SIE DA! Bei Fragen zu unserem umfangreichen Programm oder Anregungen freuen wir uns über Ihren Anruf oder Ihre Post. Loben Sie uns, aber scheuen Sie sich auch nicht, Ihre Kritik mitzuteilen – sie hilft uns, ständig besser zu werden.

Bei Fragen zu einzelnen Materialien oder Techniken wenden Sie sich bitte an unseren Kreativservice, Frau Erika Noll.
mail@kreativ-service.info
Telefon 0 50 52 / 91 18 58

Das Produktmanagement erreichen Sie unter:
pm@frechverlag.de
oder:
frechverlag
Produktmanagement
Turbinenstraße 7
70499 Stuttgart
Telefon 07 11 / 8 30 86 68

LERNEN SIE UNS BESSER KENNEN! Fragen Sie Ihren Hobbyfach- oder Buchhändler nach unserem kostenlosen Kreativmagazin **Meine kreative Welt**. Darin entdecken Sie halbjährlich die neuesten Kreativtrends und interessantesten Buchneuheiten.

Oder besuchen Sie uns im Internet! Unter **www.topp-kreativ.de** können Sie sich über unser umfangreiches Buchprogramm informieren, unsere Autoren kennenlernen sowie aktuelle Highlights und neue Kreativtechniken entdecken, kurz – die ganze Welt der Kreativität.

Kreativ immer up to date sind Sie mit unserem monatlichen **Newsletter** mit den aktuellsten News aus dem frechverlag, Gratis-Anleitungen und attraktiven Gewinnspielen.

## IMPRESSUM

FOTOS: frechverlag GmbH, 70499 Stuttgart; lichtpunkt, Michael Ruder, Stuttgart
PRODUKTMANAGEMENT: Nina Armbruster
LEKTORAT: Anja Fuhrmann, Berlin
GESTALTUNG: Petra Theilfarth
DRUCK: frechdruck GmbH, 70499 Stuttgart
PRINTED IN GERMANY



1. Auflage 2013



ISBN 978-3-7724-6912-1 • Best.-Nr. 6912